세상에서 가장 아름다운 편지

성 철 (性 喆)

이서원

세상에서 가장 아름다운 편지

시인의 말

겨울 벗고 움트는 생명의 싱그러움을,
소쩍새 울어대는 화창한 햇살의 아침을,
낮에도 밤별로 반짝이는 새빨간 애기단풍을,
눈 덮인 아늑한 산사의 풍경소리를,
밤하늘에 걸린 달과 바람이 건네는 속삭임을
어찌 그냥 지나칠 수 있단 말인가.

아직은 말귀를 알아듣지 못하는 아이들에게
세월을 넘는 인생의 대화를 남겨야 하고,
같이 걸어온 이에게 감사말도 전해야 했다.
삶의 형틀에 목걸린 자가 저물녘에 서서
후회와 안도의 눈물을 흘리지 않을 수 있는가.
어찌 그냥 무심할 수 있으랴.

시인이 되기 위해서 시를 쓰지는 않았다.
글을 쓰니 시라 했고, 시를 쓰니 시인이라 했다.
문외한일 수밖에 없는 얼치기 글이어서
몸 더께에 걸칠 글도 쓸 이유가 없었으므로
그저 마음 닿는 대로 다가가면 되는 것이었다.
그냥 말(言)의 절(寺)을 들어가면 되었다.

시인의 의무니, 숙명이니 그런 자기 과잉도 없었고,
후대에 남길 멋진 시를 쓰겠다는 헛꿈이라든가,
기성 틀의 이름들과 어울려 기라성을 세우는 일 같은 것은
어차피 상관할 바도 아니다.
큰 글은 이미 세상에 남아돌고 있으므로
나는 내 가족과 내 오감에 그냥 충실할 뿐이다.

원주 문막 동화리에서
성　철

목 차

시인의 말 4

제1부
내일로 띄우는 편지 / 15

처음에 서서 / 17
햇무리와 달무리 사이 / 19
절대적인 것은 없다 / 21
삶의 태도에 대하여 / 23
시간의 시계에 대하여 / 24
요지경 세상 / 26
미움받을 용기 / 27
타인과의 관계 / 28
공부하는 이유 / 30
무지의 길 / 31
편견의 눈 / 32
비겁하지 않을 용기 / 33
시간과의 대화 / 34
내리막에 서서 / 36
투쟁 / 37
염치(廉恥) / 38
선(善)과 악(惡) / 39
물욕 누르기 / 41
흔들리며 사는 죽음 / 43
지게의 주인(戶主) / 44

제2부
세상에 띄우는 편지 / 45

시(詩)란 / 47
네 안에 힘이 있다고 어린왕자가 말했다 / 48
당신의 별나라는 어떠세요 / 50
디케(DIKE)와 유스티티아(JUSTITIA) / 52
이퀄라이즈 / 54
꿈속 팽이 / 55
필즈상의 아르키메데스 / 57
영혼의 블랙홀 / 58
이렇게 주문을 외우세요 / 59
거울 앞 구속의 귀향(歸鄕) / 60
모래알같이 존재함에 대하여 / 62
회상(回想) / 64
비겁했던 무신론자의 기도 / 66
나는 이미 죽었다 / 67
어둠 속 자화상 / 68
언제 / 69
다 같이 무너지는 거야 / 71
언택트 슬로건 / 72
구글번역기 놀려먹기 / 74
해방(解放)의 오늘 / 76

제3부
가슴이 따뜻한 편지 / 77

외상 수첩 / 79
그를 알지 못했다 / 81
추억의 전화기 / 83
소꿉장난 / 84
심장 멎던 날 / 85
잡초의 정의 / 86
개미 / 87
소주병 / 88
친구의 방문 / 90
친구를 지우며 / 91
친구의 상갓집에서 / 93
친구의 변절 / 95
젊음이 예쁜 기지 / 96
가래떡 / 97
유전(遺傳)의 건널목 / 98
어떤 수레 / 99
패전처리투수 / 100
책의 비애 / 101
잊힌 이름들 / 102
숨은 내가 불쑥 / 103

제4부
자연이 보내온 편지 / 105

낚시 가마우지의 꿈 / 107
올무에 걸린 삶 / 108
초능력의 대결 / 109
달팽이 / 110
달은 겨울나무를 떠나지 못한다 / 111
밤비 / 113
봄동 / 114
옹이 / 115
담쟁이의 삶 / 116
가을비 / 117
찔레 가시에 비가 내리다 / 118
서리꽃 / 120
홍게, 거슬러 오르다 / 121
사람이 싫은 것이다 / 122
베짱이에 대한 가짜뉴스 / 124
나무의 가슴 / 125
무상(無常) / 126
호박덩굴을 보며 / 127
고로쇠나무의 가을 / 128
꽃은 향기로 말한다 / 129

제5부
삶이 보내는 편지 / 131

농부의 그림 / 133
시골 생활 / 134
잡초인생 / 135
새로운 날의 만남을 생각한다 / 136
농부의 땅 / 138
비 갠 아침의 허기 / 139
속박의 자유 / 140
저녁 마감 / 141
설렘의 하루 / 142
쌓이는 하루 / 144
세월의 초상 / 145
가을 수확 / 147
동심(同心) / 148
어울림 / 149
끝자락에 서서 / 150
모르겠다 / 151
바닥의 위로 / 153
마지막 꿈 / 155
한여름의 초상(肖像) / 156
불면 / 158

제1부

내일로 띄우는 편지

처음에 서서

애야,
시작이다.
처음은 그렇게 힘든 거란다.
더 많은 첫 경험이 이겨내지 못할 듯 아프게 할 거란다.
죽을 듯 힘들겠지만 지나고 보면 아무 일도 아니었고,
그렇게 고통의 흔적을 삭히며 익숙해지는 거란다.
그렇게 커가는 거란다.

애야,
이제 시작이다.
육체적인 고통은 별것도 아니란다.
뼈저린 아픔보다 더 쓰라린 정신적인 고통에 힘겨워할 거란다.
첫사랑의 달콤한 고백도 험준한 암벽 앞에 부딪히고,
하늘의 별이 모두 떨어지는 암담한 밤도 겪어가야 한단다.
그렇게 어른이 되어가는 거란다.

애야,
단지 시작이다.
처음의 미숙함은 당연한 거란다.
아픔도 나아지며 면역이 생기는 거란다.
어처구니없는 어리석음에 한없이 자책하기도 하고,

끝없는 낭떠러지에서 가쁜 날개를 퍼덕이며 날고 있을 거란다.
그렇게 익숙해지며 익어가는 거란다.

얘야,
다시 시작이다.
다행스럽게도 결국 너는 이겨낼 거란다.
혼자서도 이겨낼 힘이 자신에게 있음을 알고 놀라게 될 거란다.
생각하는 것 이상으로 시간이 자연스레 해결할 것이지만
주변에 훨씬 많은 슈퍼맨과 원더우먼이 너를 일으켜 줄 거란다.
그렇게 같이 이겨내며 나아갈 거란다.

오래 아파하지 말아라.
너무 걱정하지 말아라.

햇무리와 달무리 사이

인생에 너무 큰 의미를 부여하지 말아라.
의미에 빠져 현실의 행복이 멀어질 수 있다.
하루는 어차피 햇무리와 달무리 사이
그 시간 얼마라고 꿈만 좇아 헤매나.

돈만 벌려다가 쓰지도 못하고 죽어가고,
내일을 위해 오늘을 참다가 불행하게 살며,
곁에 있는 행복을 밖에서 찾아 돌다가
허무만 움켜쥐고 빈손으로 떠난다.

자신도 모르게 본질도 아닌 헛꿈을 꾸고,
그것을 현실의 행복으로 착각하면서
아무것도 가져가지 못한다는 걸 깨닫는데
얼마나 소중한 시간을 흘려보내야 했나.

완전한 내 것이란 그 어디도 있질 않아
자연도, 시간도 온전히 가질 수는 없어
잠시 빌려 쓰는 자연을 소유로 착각할 뿐
얻어 쓰다 스쳐 가는 시간의 나그네인걸.

시간이 많지 않으니, 사랑을 미루지 말아라.

마음속으로 얻는 것이 소중한 것,
진정으로 소유하고 누려야 할 것은
모두가 쫓는 돈이 아니고, 보이지 않는 행복이다.

절대적인 것은 없다

세상천지에 절대적인 것은 없다.
보고, 듣고, 배운 것도 절대적이라 믿지 말아라.
진실은 항상 사이에 있지, 극단에 있지 않다.
절대로 되고, 절대로 안 되는 것도 없다.

절대적인 믿음도 없다.
절대신이 있다면 세상이 이리 어지러울 수가 없다.
인간의 나약과 불행 속에서 자기 존재를 증명하려는 신은
절대 신이 아니다. 사이비일 뿐이다.

성현의 말씀도 절대적인 건 아니다.
공자의 세상도, 맹자의 군주도, 노자의 삶도 없었다.
한비자의 사회도, 절대적인 민주주의나 공산주의도 없었다.
그저 상황과 융통성으로 받아들일 뿐이다.

자연의 진리도 절대적인 것은 아니다.
유클리드의 공리도, 뉴턴의 운동법칙도 지구 밖에서 틀렸고,
우주의 공간도 운동에 따라 상대적으로 휘며,
시간도 중력 따라 다르게 흘러갈 뿐이다.

모두가 자기 의지대로 가는 듯 보여도

알 수 없는 어딘가로
빛의 속도로 달려가고 있으며,
누구나 평등한 종말을 맞는다는 것 빼고는.

삶의 태도에 대하여

준비할 새도 없이 혼자 삶을 감당한다는 것이
얼마나 힘든 일인지 미처 깨닫기도 전에

돌이켜 걷기엔 너무 지나쳐 버린 황혼의 그림자가
어느새 가까이서 드리우게 되니

삶이 어찌 미숙한 네 마음대로 바뀌겠는가.
바뀌어야 할 것은 삶에 대한 네 눈이다.

어둠의 터널에 그냥 내동댕이쳐진
어리숙한 자신에 익숙해지며 스스로 다독여

넘치도록 베풀어지는 시간의 낯섦을 이해하고
설레는 손으로 따뜻하게 주변을 붙잡아야 하니

둘러싸인 환경이 너를 정하는 게 아니라
그를 대하는 네 태도가 삶을 결정하는 것이다.

시간의 시계에 대하여

시계가 멈추어도 시간은 흐른다.
시계가 없어도 시간은 간다.
시간은 이미 멀리 날아갔는데,
시계는 시간의 노예가 되어 울부짖으며
끝까지 따라가겠다고 이 밤도 째깍거리고 있다.

힘에 부칠 때면 멈칫하며 되돌리려고도 하지만
되돌아갈 수 없는 시간을 빙빙 돌아가며
시간에게 돌아갈 것처럼 배회하고 있다.
실재하지도 않는 허상의 바늘침을 찔러대며
구속의 동그라미에서 나오려고 발버둥 치고 있다.

어둠의 시간이 소란스러운 무논의 개구리는
밤 소리가 급해 빠른 시계를 가졌으리.
밤에만 절실하게 가는 시계가 분명하리.
발 빠른 시간을 살아가는 개미나 직박구리는
훨씬 많은 시간의 거리를 걷는 큰 시계를 가졌으리.

썩은 고목은 세월이 흘러 새의 보금자리가 되듯
의미를 기다리며 오늘도 하세월을 낚으리니
이젠 나도 늦어지는 시계나 꿈꾸고 있으리.

각자의 껍데기야 어찌 움직이든
마음만 제 본분을 잊지 않으면 되리.

요지경 세상

참 마음대로 되지 않는 세상이야.
부모가 나를 남겨 세상이 키웠으나
그 세상이 날 가장 힘들게 하지.
살아보면 나쁜 사람만 잘 먹고 살 뿐
그들은 지옥을 믿지 않아서라 하네.

그래도 살아서 할 일은 해야만 해.
지나간 삶에 미안해할 필요는 없어서
스스로 부족하다는 생각도 말아야 하지.
세상에 뭔가 기대할 만한 게 있다는걸
아직 한 번도 본 적이 없었을 뿐이라네.

마지막 자기 모습을 사랑해야 해.
시작은 끝이 있고, 끝은 살며시 다가와서
내가 행복해야 결국 모두가 행복한 거지.
어떤 인생으로 끝날지는 하늘의 뜻일 뿐
인생은 절대로 후회하지 않는 거라네.

미움받을 용기
-너무 착한 애들이 걱정되어

잘 해내고 있지는 않다.
그냥 견디고 있을 뿐이다.
남의 말 속 좋은 사람이 되려 휘둘려 살 뿐
심지는 굳지 못해 여전히 흔들리고 있다.

자기 일도 책임지지 못하면서
남에게 호의를 베풀려는 허풍만 가득하다.
다른 이의 평가에 구속되어
쓸데없는 일에 오늘도 하루를 구르고 있다.

남으로부터 자유로워져야 한다.
스스로 당당한 정신적 여유가 먼저다.
다정도 병이어서 자기 신뢰 없는
어설픈 동정심은 버려야 한다.

스스로 행복해야 진정한 배려이며
무너진 세상과의 신뢰를 회복하는 길이다.
타인에 대한 공감과 위로 전에
자기 상처부터 보듬어야 한다.

타인과의 관계

권세를 믿고 남을 가볍게 대하지 말아라.
타인을 무시한 자기만족은
초라한 자기 위안일 뿐이다.*

불만을 토로하지 말아라.
남을 평가할 땐 크게 봐야지,
특정한 사실 하나로만 본다면 억울한 것이다.

화를 내지 말아라.
남들이 너를 피할 것이고
결국, 후회하게 되는 시간 낭비일 뿐이다.

세상 소금은 되지 못해도 쓴 사람은 되지 말아라.
소금은 짜도 녹아들어 바다와 친구고,
선인장은 끝이 써서 사막에서 홀로다.

혼자라고 나쁜 일을 꾸미지 마라.
밤에 없던 햇살도 어느새 낮으로 찾아오고,
햇살은 보이지 않는 걸 용납하지 않는다.

남이 너의 가치를 정하게 하지 말아라.

네 인생은 네 것으로 네가 사는 것이라서
네 가치는 네가 가장 잘 안다.

* 타인을 ~ 뿐이다; 그라시안

공부하는 이유

공부는 스스로 하는 절제다.
지속적인 자기 싸움이며 노력이어서
시켜서도, 남을 위해서 하는 것도 아니다.

공교롭게도 오늘 하지 않으면
언젠가는 다시 해야 할 늘어나는 숙제여서
나중에 행해지는 가치는 떨어진 지 오래다.

청춘은 빨라서 공부도 다 때가 있고
게으른 대가는 분명히 치르게 되어
뒤늦게 후들대는 삶은 돌아설 수도 없다.

18세만도 못 한 60세도 숱해서
나이를 먹는다고 성숙하는 것도 아니어서
제대로 철들기 위해 공부하는 것이다.

공부는 네가 살아갈 인생이
남에 의해 흔들리지 않기 위한 준비이니
주도적으로 살아가기 위한 과정이다.

무지의 길

정해진 길이 어디 있으랴.
무지의 어둠에서
무지로 태어난 이곳에
정해진 살아가는 법이 어디 있으랴.

스스로
아니 스스로도 아닌
남이 정한 의미에서 벗어나지 못해
이리저리 흔들리는 삶이 뭐 그리 대단하랴.

본래 있지도 않은 틀을 만들고
거기에 맞춰
팔과 다리를, 그리고 머리까지 내주고선
아파하는 어리석음의 끝판에서.

뿌연 산안개 속을 헤집어 가는 길에
그래도 끝까지 이리 고뇌하는 건
길이 여전히 남아 있고
생각 없는 길은 삶도 아니기 때문이다.

편견의 눈

흰 것이 아름다운 자여,
추악한 목적에 다다르지 말라.
거저 주어진 것에
뭘 그리 자랑스러워하는가.
백로의 모습만 어찌 아름다우리.
까마귀 삶도 선택 없이 주어진 것이다.

호젓한 산속 새소리에
귀 기울여 본 적이 있는가.
생명의 소리는 귀로 듣는 것이지,
눈으로 보는 것이 아니다.
빛은 어둠이 있는 이유고
속 검은 것이 흰 비단을 두르는 것이다.

비겁하지 않을 용기

세상은 공평해질 수 없을지도 모른다.
사회도 절대 공정하지 않을지도 모른다.
공평했다면 이미 시끄럽지도 않을 터이고
공정하지 않아 공정하라 말하고 있을 것이다.

용감한 자들은 먼저 나서 이미 사라진 자리,
비겁한 자들만 남아 그 자손으로 태어나서
태생부터 비겁할 수밖에 없는 사회에서
누가 용기의 비겁을 말할 수 있으랴.

하지만 비겁한 세상도 공평해져야 하고,
비겁한 사회도 더 공정해져야 하기에
지금이라도 더 비겁해져서는 안 된다.
비겁한 씨는 더 비겁해질 것이기 때문이다.

시간과의 대화

세월이 저물어 가며 짙어지는 그리움
그러다 캄캄해질까 두려워했지.
지난 세월처럼 흐르는 시간에 힘들어했다.
시간은 모든 살아있는 것의 적이고,
모두에게 벗어날 수 없는 굴레였지.
그리고 그 시간 속에서 항상 헛발질이었다.

시간은 항상 생을 구속하지만
이미 벗어나는 방법도 알고 있었다.
다행히 바로 곁에 시간의 죽음이 있었고,
누구나 그 질서를 따르고 있었기에
시간을 따르는 것의 의미를 알아
주어진 대로 잘 쓰는 것임도 알고 있었다.

어차피 시간에 준비된 자도 없고
누구나 공평하게 흘러가는 것을.
시간은 주어진 대로 순응하는 것임을 알고
세월의 치유를 바라며 내던져지는걸.
삶이란 갖지 못한 것을 바라는 것이 아니라
가진 시간을 즐기는 것을.

때로는 그냥 넘겨야 하는 것을
왜 기다리지 못하고 조급해했는지
왜 주변의 모든 문제를 해결하려고만 했는지.
시간은 흘러가는 하나로
너무 많은 것을 해결하는 것을.
어쩌면 그게 전부일 수도 있는 것을.

내리막에 서서

행복은 꾸준히 아래로 향하는 것,
오르는 길은 진정한 삶과 상관이 없다.
도달할 수 없는 고통보다
현실의 가능성에 만족하자.

해를 향한 가지 끝에
꽃잎도 떨어져 뿌리로 돌아가고
하늘 향한 모든 게
결국엔 무너져 내리지 않는가.

높은 머릿속 머나먼 생각보다
낮은 발로 땅을 걷는 것이 본질이듯이
태어난 모습대로 근본에 머무는 것이
추락에서 벗어나는 길이다.

존재해야 할 이유는 있으나
높이 올라 화려해야 할 의무는 없다.
차분히 고개 숙여 하나씩 내려가는 길,
낯설어도 묵묵히 딛자.

투쟁

새가 머리 위를 날아가는 것이야
어찌할 수 없으나,
내 머리 위에
둥지는 틀지 못하게 하리라.*

누군가 소중한 것을 빼앗으려 할 때
우리는 싸워야 한다.
이길 수 있을 때만 싸우는 것은 아니다.
때로는 이길 수 없음을 알면서도 치열하게
그리고 끝까지 싸워야만 한다.

결국은 빼앗길지 몰라도
내 눈앞에서는 절대 안 된다는 신념 하나로
나 하나를 비워가며
한갓 목숨 한 덩이 걸어놓을 일이다.

* 마틴 루터

염치(廉恥)

떳떳한 것이다.
남 대하기에 당당한 것이다.
얼굴을 차려 부끄러움을 아는 것이다.

비루하지 않아지는 것이다.
네 그물의 벼리니
없으면 사람이 아니다.

남들처럼 평범할 뿐
스스로 별다른 것도 없어
뛰어나야 할 당위도 없다.

드러나는 욕망을 그치고
이기적인 자기 애착을 절제하는
네 겉과 속 사이 있어야 할 간격이다.

깜깜한 밤하늘에도
마음속에 불빛 하나 띄워
항상 자기를 들이비추는 것이다.

선(善)과 악(惡)

선하고 악함은 정말 확실한가.
선하다고 한 것이 악한 결과로 다가오고
악한 이유를 빌미로 선한 행동을 하듯
얼마나 선악이 확률적인가.
어떤 삶, 어떤 행위든
좋고 나쁜 효과가 있기 마련이며
시간이 지나 많은 결과가 섞이면서
선과 악의 구분이 불가능해진다.

확실하다는 건 환상이 아닌가.
정답을 찾는 것이 아니라
근사치를 찾아가는 과정뿐
절대로 선험적 지식은 없다.
있지도 않은 정답을 찾으려 하지 말고
주변을 이해하는 과정에 충실할 뿐.
있는 그대로 삶을 받아들이며
그저 남은 삶에 좋은 질문을 던져야 한다.

누구나 역경을 겪는다.
그리고 똑같이 힘들어도
이겨내는 사람이 있다.

모두 그렇지 않아서 문제일 뿐이다.
바라는 대로 다 이뤄지는 것도 아니고
모두 이뤄지길 바라서도 안 된다.
오늘도 낯선 미로를 걷는다.
똥강생이 비 온 날 헤매듯이.

물욕 누르기

인간사 자리다툼 기니 짧으니 참깨 재기
이 달이 크면 저 달이 작다.
천석꾼은 천 가지 걱정이요
만석꾼은 만 가지 걱정이라고
넓혀야 할 것은 땅 평수가 아니라 마음의 크기인 것을.

슬퍼할 게 뭐라고,
기쁨과 행복은 때때로 세상을 잘못 바라보게 한다.
초상집에 있는 마음 지혜를 구하고,
혼인집에만 있는 마음 어리석으니*
어디에 사느냐가 아니라 무엇을 바라보고 사느냐다.

확실한 내 것이 어디에 있는가.
몸이 늙어서 지고도 못 갈 판에 뭘 그리 챙기려는가.
결국, 필요도 없을 것을 짊어지고
힘겨운 발걸음을 옮기는 건 그 무슨 어리석음인가.
욕심 보따리는 들지도 못할 좁은 문인데.

이제는 버리고 갈 시간,
우주 속 티끌도 못 되어 사라지고
기억의 시간은 반백일도 못 갈 허망한 그리움인 것을.

그리 끝나 묵무덤이 될 것을,
무상(無常)이라 않던가.

* 기쁨과 ~ 어리석으니: 전도서 7장 3,4절

흔들리며 사는 죽음

겁내지 말자.
우린 항상 흔들리며 산다.
흔들리지 않고 어찌 굳게 박힐 수 있으랴.

산빛은 해 질 녘이 되어야 볼 만해서
흔들리는 머리새처럼
찬란하게 다가오는 날을 두 팔 벌려 맞이하자.

인간 세상 그 주인도 잠시 맡은 객 아닌가.
흔들리는 것은 넘치게 살지 말라는 것이고
아픔마저 즐기는 자가 마지막 주인이라지 않는가.

겁내지 말자.
죽음이 삶을 비추고 받쳐 주었으니
죽음도 삶의 한 부분 아니겠는가.

* 죽음이 ~ 아니겠는가.: 법정스님

# 지게의 주인(戶主)

호적(戶籍)에 따로 선다는 건
아무나 할 수 있는 게 아니다.

자신의 문패를 내거는 일은
함부로 그냥 하는 게 아니다.

지게(戶)의 주인(主)이 되는 건
대충 책임지는 게 아니다.

가장 소중한 이들을 짊어지고
걸어가는 길은 쉽지 않으나

흔적 없는 보람으로 조용히
미소 지으며 걸어가는 길이다.

제2부

세상에 띄우는 편지

시(詩)란

곧 쓰게 되는
손 편지

나중에 보내지는
반성문

결국 버려지는
일기장

네 안에 힘이 있다고 어린왕자가 말했다

사람은 저마다 이야기를 갖고 있어.
그리고 대부분 서로 비슷하지.
하찮은 사람이 아니란 걸 확인하려
자신에게 칭찬의 말을 건네주길 바라지.
하지만 남들이 말하지 않았다고 해서
네가 중요하지 않다는 뜻은 아니야.
자신의 고통이 커서 네가 보이지 않을 뿐이지.
사람은 자기와 관련 있는 것만 보려고 할 뿐이야.

사람은 어떻게 해야 할지 너무 고민해.
그냥 마음이 시키는 대로 하면 되는 데 말이야.
방어할 수 없는 자신에게 상처를 주는 사람은
남에게서 상처를 많이 받은 사람이지.
따스하게 치유해야 남에게 상처를 주지 않을 거야.
스스로 아픔을 주지 않도록 관심을 기울여야 해.
자기 마음이 아플 때가
바로 마음을 열어야 하는 순간이야.

세상은 너무나 불평등해서
운이 좋은 사람과 운이 지질히도 없는 사람이 있지.
세상살이는 어쩔 수 없는 일이 너무도 많아

바라는 대로 살아갈 자신감을 느끼기 어려운 거야.
하지만 비록 환경을 바꿀 수 없다 해도
자기의 몸과 마음은 고쳐 나갈 수 있어.
비록 다른 사람을 바꿀 수 없을지 몰라도
자신의 현실은 언제든지 바꿀 수 있어.

가슴이 무너진다고 모든 게 망가지는 건 아니야.
우리는 그런 아픈 상황을 겪으며 헤쳐 나가지.
그냥 잠깐 미소를 지어 봐.
이유도 없이 마음 한구석이 행복해질 거야.
네 안에 그 힘이 있어.
그건 너무나 강력해서 모든 걸 바꿀 수 있지.
자신과 대화하면서 계속 사용해 익히면 돼.
절실하게 시도하면 네 세상이 열리는 거야.

당신의 별나라는 어떠세요

얼마 되지는 않았지만 저희가 이 별의 주인공이 되어 당신 별을 향해 하늘로 띄워 보낸 연락선도 태양계를 넘어 큰 우주로 향하고 있을 겁니다. 종잇장 두께의 TV를 만든 지 얼마나 됐다고 그것도 불편해서 이제는 들고 다니고 있고, 저희보다 똑똑한 컴퓨터와 인공지능을 부려 먹으며 살고 있지요. 세상을 구성하는 물질을 구분하고 다르게 조합한 새 물질로 전에 없던 풍경의 새로운 세상을 꾸며가고 있습니다. 여기는 스스로 신을 만들어 위로받고, 스스로 신이 되어 수백만 년의 역사가 만든 신의 유전자를 가공하고 조작하기로 했습니다. 이곳은 아마 당신의 별보다 시간의 가치가 훨씬 저렴해서 대충 쓰는 사람들로 가득 찬 시간 풍족의 세상이지요.
당신의 별나라는 어떠신지요?

저희는 진화를 깨달아 사람으로 성장했고 이 별을 달려가는 폭주 기관차로 점령했지만, 그 과정에서 운이 없어 아마존 숲 하나도 그대로 놔두지 못해 북극 오존층과 남극 얼음덩어리를 지키지 못했습니다. 급기야 뇌도 없는 바이러스 공격에 허둥대다가 죽음 앞에서 변변한 치료 하나 받지 못해 죽어가는 위기도 겪었지요. 만들어진 신들의 선량한 마음이란 것도 사흘을 못 가고 남을 죽이는 창칼이 되어 지상 최대의 폭력배가 되었지만, 여전히 영생의 축복으로 희망을 이야기하고 있지요. 다른 존재를 존중

하는 걸 배우려 하기는커녕 제 자식 하나도 제대로 가르치는 법을 여전히 찾지 못한 것은 무척 안타깝습니다. 그런 와중에도 생사를 가르는 돈의 비중은 천정부지로 커져, 통장 숫자 커가는 것이 가장 큰 행복이어서 생전에 쓰지도 못할 허상까지 열심히 긁어모으고 있지요. 당신 별나라로의 여행도 꿈꾸면서 말이지요. 당신의 별나라는 지금 어떠신지요?

디케(Dike)와 유스티티아(Justitia)

법(法)은 억울한 사람을 만들지 않는 것이라 했다.
응징만이 아닌 공정한 잣대여야 한다고 했다.
긴 칼을 들어 죄를 벌하려던 디케(Dike)에게서
응징의 칼을 물려받은 유스티티아(Justitia)는
왜 형평의 저울질로 죄를 재려고 했을까.

공평함이 제대로 존재하길 바랐던 희망에서
독선의 사명감으로 정의가 왜곡된 지 오래인데
올바른 저울의 천명이 가능하기는 할까.
남의 뺨을 잘못 때린 죗값은 1미나* 였는 데,
잘못된 저울질의 대가는 과연 얼마일까.

국, 영, 수를 약간 잘했으며
암기 능력이 조금 나았다는 이유로
혼자만 정의를 사수한다는 전능한 권위를 본다.
두 눈을 가린 정의의 여인을 앞에 두고는
조직 논리와 개인 영화에만 눈먼 자들을 본다.

어떠한 정의가 옳은지는 알 수도 없어
입으로 칼의 정의만을 외치는 현실에서
죄 없는 죄인을 엮어내는, 눈 뜬 에키드(Ekid)**는 눈에는 눈, 이에는 이라는 옛꿈을 꾼다.
복수가 정의일지도 모를 미래 세상을 본다.

양심의 가책도 느끼지 않는 그릇된 저울질로
선한 양심을 구속하여 죽음으로 내모는 세상에선
시장 상인의 저울질이 더 떳떳할지도 모른다.
타협의 수단으로 저울을 달고, 중도의 에누리도 있어
조금은 더 인간적일 것 같기 때문이다.

*   미나: 함브라비법전 당시 화폐의 단위
** 에키드(Ekid): 디케(Dike)를 꺼꾸로 쓴 말

이퀄라이즈

누가 시작의 공평함을 이야기했는가.
세상에 악도 없다면 그곳엔 선도 없겠지.
누구는 운이 좋아 죗값도 치르지 않고
누구는 착하기만 해서 없는 죗값을 치르더라.

불합리한 세상에 사력을 다한 이들의
순수한 정의는 더는 찾을 길이 없고
약은 놈들만 점잖은 가식으로
콩고물 한 줌을 던지며 선으로 각인된다.

이미 자본으로 타락한 이 세상에서
다음 세대들을 위하여 최소한, 최소한은
크지도 않은 약간의 기울어짐으로
있는 자와 없는 자의 균형을 찾을 순 없을까.

본디 몸은 비어서 태어났으나
입혀지는 옷 하나로 선악은 시작되었고
스스로 만든 하찮음을 고치지 못하여
끝나는 순간밖에 공평함은 없다는 것인가.

꿈속 팽이

사소한 욕심에 눈이 어두워
치사했던 어린 기억은 깊이깊이 숨어들고
모멸감은 가슴 속에서도 걷히지 않아
커서는 어떻게든 구차하지 않기를 바랬다.

잘 살겠다고 어려운 자를 등치거나
앞서겠다고 남을 구렁텅이에 빠트리진 말자 했다.
최소한 자기 자신에게 부끄럽지 않도록
알면서 후회할 일은 없자고 했다.

이익이 눈앞에 있음에 옳을까 주저하고
탐욕스럽지 않으려 힘겹게 애써도 보았다.
비겁하게 굴욕스럽지는 않으려 했고
얼굴이 팔리지 않으려 다짐했다.

그렇게 참아내느라 무뚝뚝해진 까칠함은
회사란 자본주의에 맞지 않는다는 걸 알았다.
살아가면서 더 그게 나란 걸 알았다.
남들도 모두 그런 건 아닌가 의구심은 들었지만.

겪어 온 모든 게 한순간의 꿈에 지나지 않아

여전히 지루한 꿈속에서 헤어나지 못하니
이미 지나온 과거처럼 지금도 현실은 아니다.
꿈속 팽이는 계속 돌아가고 있다.

필즈상의 아르키메데스

'세계에서 모인 수학자들이
뛰어난 업적에 대해 이 상을 드립니다.'
젊은 수학자에게 드립니다.

메달 앞엔 그가 있었다.
'스스로 극복하며 세상을 거머쥐어라.'라는
시작 글과 함께.

뒤에도 그가 있었다.
'구와 외접하는 원기둥 겉넓이 비는 2:3이다'라는
묘비 글과 함께.

'물체는 자신이 밀어낸 기체나 액체의 무게만큼
부력을 받는다.'라는 그였고,
'긴 지렛대 하나로 지구를 움직일 수 있다.'라는 그였다.

'유레카'
자연의 무게처럼
인간사 사랑의 무게도 그랬으면 좋겠다.

영혼의 블랙홀

떨어져도 떨어져도
나락 속으로 끝없이 떨어져
추락의 긴장은 부서져서
오히려 추락 속엔 날개도 없다.

추락도 변함이 없어
떨어지는 의식도 없는 평온함,
무의식의 숨은 영혼들은
영원한 고통에서 안식을 느낄까.

궁극의 끝에 바닥은 있으련만
다다르는 끝을 알지 못해
빠져드는 추락만 한결같을 뿐
그 영혼도 어찌할 수 없으니

떨어져서도 다다를 수 있을까,
저 너머 또 다른 무한의 세계
비상비비상천(非想非非想天)*
소멸로만 다다르는 높은 세상.

* 무색계 세계의 네 하늘 중 마지막 하늘로 모든 하늘의 절정(有頂天)에 있는 하늘.
  무상(無想)에 가까운 선정(禪定)의 경지

이렇게 주문을 외우세요

하쿠나마타타.
수리수리 마하수리 수수리 사바하,
수리수리 마하수리 수수리 사바하,
수리수리 마하수리 수수리 사바하.
옴마니반메훔.
아브라카다브라.
비비디 바비두 부.
오블리비아테.

디에세오스타!

걱정하지 말아요, 다 잘될 거예요.
세속에 찌든 때를 말끔히 씻어요.
지옥에서 벗어나실 거예요.
말한 대로 다 이루어질 거예요.
희망을 가지세요.
모든 나쁜 기억은 좋은 기억으로 바뀔 거예요.

자신을 사랑하기로 해요!

거울 앞 구속의 귀향(歸鄕)

지금 너는 나의 현재다.
피할 수 없는 나의 과거를 비춰 왔으니
밀려드는 세월 앞에 벌거벗은 설움과
하찮은 세상을 향한 겁 없는 오만도 지켜보았다.

항상 너는 나를 기다렸으나
주마등은 쏜살같이 눈앞을 스쳐 지나가고,
너로 인해 내 의미가 존재했음을 알면서도
너를 바라본다는 게 얼마나 큰 용기였던가.

매일 도취된 자아는 속에서 꼴값을 떨어
뒤따르는 자괴감에 쓰러져 헤어나지 못하고,
너를 모르는 체하며 살아가는 것이
나를 모르고 사는 무서운 것임도 알았지만.

안으로만 소란을 떨어대는 사각형 틀에 지쳐
좁다란 너를 벗어나 터져 버린 삶에서야
어둠이 고요해지고, 산도 따라 고요해지고,
들과 밭도, 잠자는 생명마저도 고요해졌다.

마음도 날이 가는 대로 시부저기 따라 흘러

매일 밤 나아가는 달덩어리에 하루를 비춰보면
정작 살아내는 것보다 중요한 건 어찌 가벼이 떠나는가다.
그동안 같이해 온 너에게 부끄럽지 않도록.

모래알같이 존재함에 대하여

비바람에 부서져 태생의 모습도 잃었지만
한땐 섬을 지키는 돌덩이였다.
지금은 비록 파도에 흔들리는
주체할 수 없는 가벼움일지라도.

시간에 닳아빠져 속도 알 수 없지만
한땐 항구여일(恒久如一)의 보석이었다.
지금은 볼품없이 왜소하여
신발짝에서도 쫓겨나는 사소함일지라도.

안개 낀 항구에서 뱃고동 울어대던 날
갈매기도 숨죽이던 외로운 등대 밑에서
한밤을 지새우는 달빛에 스쳐
먼지처럼 보잘 것도 없는 희미함일지라도.

떠오르는 태양 앞에서 반짝이던 당당함도
놀러 나온 어린애의 두꺼비헌집에 버려져서
매일 똑같은 하루하루를 허물어 가는
시간의 그림자만 파고드는 가녀린 숨결일지라도.

숨 닳도록 스쳐 가는 바다의 등줄기를 타고

잃어버린 자신을 찾으러 왔다가
부서지고 부서진 세월의 멍 자국 속에서
그래도 남은 흔적은 변함없는 소중함이었으니.

회상(回想)
- '국가 부도의 날'을 보고

부도난 회사에 근무한 족쇄는
국가 부도의 원흉이라는 딱지로 끝내 떨쳐지질 않아
실업자 생활 동안 이력서도 한 번 내보지도 못했다.
두껍지도 못한 얼굴 두껍다고 흉볼까 봐서.

길가의 구두 닦는 아저씨에게 혼자서도 살아가는
엄청난 재주가 있다는 것을 깨달았을 때
회사를 떠나선 가족 하나 건성할 재주도 없으면서
모범생으로 살아왔다는 자기 허상 앞에 밤새 진저리쳤다.

모든 게 내 탓이며,
내가 부족한 것이라고
다시 사는 법을 배워야 한다며
해질 대로 해진 심장 하나 움켜쥐었지만,

포장마차 소주 한 병도 편히 삼키지 못하는
무능한 나날 속에 문득 선 월세 아파트 베란다
모두 편히 잠든 아파트 내리깔린 정적의 허공 속에
영원히 잠들고 싶었다.

어둠이 달빛마저 집어삼킨 블랙홀의 그날 밤

어떻게 네 둥근 얼굴은
얼룩진 눈물 속에도 그리 또렷했는지,
왜 그리 눈에 밟혔는지.

비겁했던 무신론자의 기도

부디 정의가
권위보다 강하길 기도합니다.

가난한 이들의 공평함이
있는 자들의 기만보다 우뚝 서길.

바꾸려 나선 행동이
점잖은 비겁함보다 대접받길.

바른 사회를 위한 용기가
인생을 바꾸려는 인내보다 깊어지길.

같이 걷는 행복을,
같이 사는 삶의 위대함을 깨닫길.

부디 한 울타리 삶을
알게 하소서.

나는 이미 죽었다

가난이 수치인 줄 알고 세상에 짓눌려서
구석에 숨어 지내던 소심한 아이는 이미 죽었다.
우물 안 조직에서 사소한 차이를 남다른 줄 착각하고
말 못 할 허풍으로 하늘을 날던 이는 이미 떨어져 죽었다.

자기만 잘하면 누구보다 잘될 거라는 오만함은
약간의 충격에도 쓰러져 일어설 줄 몰랐다.
인연의 도움으로 자리 잡은 삶이 요행인 줄도 모르고
다시 악연의 굴레에 빠져 버린 미약한 이는 이미 죽었다.

사람이 싫어져 자연을 벗 삼아 떠나와선
왠지 모를 외로움에 밤새워 뒤척이던 이는 어제 죽었다.
새벽녘 흩어지는 정신 하나 잡아보려 발버둥치다가
긁적거린 몇 구절을 내동댕이치던 이는 휴지통에서 죽었다.

바로 이렇게 죽어가며 살아남고,
이미 죽었으나 닳아빠진 몸은 살아가고 있다.
바라는 일이 꼭 자신에게 좋은 일 같지도 않은데
영원히 계속될 수 없는 시간에 집착하고 있다.

어둠 속 자화상

어둠 속에서
매일 손님이 온다.
피투성이로 얽힌 얼굴이다.

어둠 너머로
점점 길이 보인다.
깊숙이 걸어야 할 남은 길이다.

어둠 끝 멀리
뚜렷해지는 빈 배가 보인다.
아련한 고독 속으로 별 하나가 떨어진다.

떠나야 할 손님은
그때서야 감사하리라,
어둠 속 새로운 시작을.

언제

지옥이 더 공평하지 않은가.
그곳은 죄지은 만큼은 벌 받지 않는가.
공평해지자고 강조하는 이들에게
속으며 살아오지 않았는가.
살아갈 힘을 빼앗겨 가며
그렇게 있는 자들에게 농락 받지 않았던가.

열의 아홉은 남에게 뒤통수를 맞았다고 했다.
남의 뒤통수를 친 적이 있냐고 물으면
하나나 둘, 아니 아무도 없었다.
맞았다는 피해의식은 커져만 가도
때렸다는 가해자는 순간의 망각에 빠져
죄의식도 무의식이 된 지 한참을 지났다.

시기하는 그대의 화려한 뒷모습에
앙상하게 말라 비틀어지는 자가 보이는가.
자신의 그림자를 밟고 선 악마를 보았는가.
가해의 권한을 부여받은 신의 역할이
무너진 공간을 채워 악마를 벌하는 거라면
신은 진정 인간을 용서하신 지 너무 오래다.

현실은 과연 언제 정의로운가.
정의를 말하는 이들은 진정 언제 옳은가.
제 명분과 자기 평판만을 생각하며
부르짖는 희망은 언제쯤 진실일까.
참아내는 것이 인생이라면
얼마나 참아야만 다행으로 볼 인생인가.

다 같이 무너지는 거야

노동은 자전거로 굴러가고
자본은 스포츠카로 쏜살같이 달려간다.
자전거가 스포츠카를 따르려니
황새 꽁무니를 뒤쫓는 뱁새가 따로 없다.

빠른 스포츠카를 위해 빚을 지고,
빚진 삶을 옭아매는 무게는 가중되며
자본의 환한 가면 뒤로
노동의 짙은 그림자가 드리우고 있다.

빚을 내서 주식을 사고,
빚을 내어 집을 사는 쳇바퀴에 걸렸다.
빚으로 쌓아 올린 성을 넘어보려
담쟁이는 얼마나 더 처절해야 하나.

정의가 항상 승리할 수 없다 해도
노동은 언제까지 뒷전에 몰려야 할까.
아무리 가혹한 자본의 사회라 해도
사람이 무너지면 모두 다 무너지는 거야.

언택트 슬로건

떨어지란다.
떨어지라고 세상이 난리다.
지금 떨어지지 않으면 영원히 떨어진단다.
통제 속에 시민을 대접하기 시작했다.
시민이 백신이란다.

신종 바이러스 하나로
외로움은 새로운 국면을 맞이하여
우울감은 분노로 접어들고,
절대적인 빈곤보다 무서운 상대적 박탈감,
극단적인 불평등사회가 모습을 드러낸다.

버는 자는 아무 일을 안 해도 더 부유해지고,
없는 자는 생명줄인 품삯을 잃어가며
몇 푼의 위로금에 목숨을 지탱한다.
있는 자들의 미소 뒤에서
정작 자신들은 떨어질 수 없는 머슴이 된다.

언택트 슬로건은
빈약한 자들에게 더 위태롭다는 것을 빌미로
있는 자들에게서 **빨리 싼값으로 떨어지라 한다.**

부유한 자들의 안전장벽만 부르짖는다.
없는 자들의 위기를 그들의 위기처럼 꼴값이다.

숨 쉬는 공간까지 설계한다는 마스크보다
더불어 살아가는 공간을 빨리 설계하지 못하면
있는 자들의 관심 밖에서
어차피 떨어져 살아갈 운명이다.
그러면 시민이 코로나다.

구글번역기 놀려먹기

날밤 새며 깠다.
날밤 새며 날밤을 먹었다.
날밤을 세는 동안 날밤을 샜다.
날밤집에서 날밤을 새는 동안 날밤이 익어갔다.

머리를 잘라야 회사가 산다.
머리를 자르고 나니, 한결 머리가 말똥해졌다.
일머리도 없던 그가 머리가 돼서 한 머리 장구를 쳤다.
해질 머리 그는 머리를 자르기 전에 한 머리 징을 쳐 주었다.

나이가 들면 신은 필요 없다.
신은 신이 필요할까, 아닐까.
신은 신을 신었을까, 안 신었을까.
신은 신이 신을 신이 어떤 신인지 알까.

구글아, 번역 좀 해 줄래?

I stayed up all night.
I stayed up all night and ate all night.
While counting the nights, I stayed up all night.
As I stayed up all night at the night house, the chestnuts ripened.

If you cut your hair, the company will survive.
After cutting his hair, his hair became a lot grey.
He, who had no head, became the head and struck a head janggu.
Before he cut off his head, he gave him a gong.

When you get older, you don't need God.
Does God need God or not?
Did God wear shoes or not?
Does God know what kind of God God is?

해방(解放)의 오늘

힘들어.
지겨워.

그렇다면 오늘 해야 한다.
미루면 내일 해야 하기 때문이다.

싫어도 당장 하면
내일은 안해도 되기 때문이다.

이것이 해방이다.
진정한 정신의 해방이다.

제3부

가슴이 따뜻한 편지

외상 수첩

항상 친구들 부러움을 사던 석이네 구멍가게엔
손바닥만 한 모나미 회색 수첩이 꽂혀 있었다.
정성스럽게,
때로는 귀찮은 듯 흩날린 글씨로
내 이름이 대문짝만하게 쓰여 있었다.

그 대문을 열면
엄마의 사랑으로 둘러앉아 먹던 저녁 반찬들과
생활에 지친 아버지의 막걸리 한 되가 있고,
여자가 무슨 공부냐던 성화 속 누나의 집념 어린 공책들과
막대사탕을 입에 물고 딱지먹기에 빠져 있는 나도 있었다.

철부지에겐 화수분이었지만
쌓여 가던 수첩 속에 그어지지 못하고 남아
늘어만 가던 숫자의 짐을 그때는 알지 못했다.
항상 막내에게는 너그럽던 엄마가 월말이 다가오면
적잖이 신경을 곤두세우던 이유가 그 속에 숨어 있었다.

심부름 온 아이에게 차마 말을 못 하고
머뭇거리다가 물건을 내어주시던 석이 엄마의 눈빛과
취로사업에 나갔다가 가게 근처에 다가설라치면

멀찍이 돌아오시던 엄마의 지친 발걸음,
인제 보니 모두 내가 살아오면서 진 외상값이었다.

그를 알지 못했다

그땐 알지 못했다.

항상 꼿꼿하고 당당한 줄 알았지만
원치 않는 무릎을 하염없이 꿇어가며
그렇게 살아왔다는 걸.

우뚝한 어깨 뒤엔
참을 수 없는 고통을 견디며
울음을 삼키는 외로운 존재가 있다는걸.

너무도 드넓은 등에
늘 들려 있던 짐이 당연한 듯 보였지만
다리 뼛속으로 휘청이고 있던 보랏빛 멍을.

부드럽기만 하던 미소가
터지는 속을 뇌까리지 못하고
그냥 부둥켜안아 주는 사랑이었던 것도.

힘들 때면 불쑥 찾아가 기대던 기둥이었지만
그도 위태로운 천 길 벼랑 앞에서
겨우 버티고 서 있었을 뿐이라는 걸.

술 한잔 얼큰 취해 문득 해대던 몇 마디가
그토록 모면하고 싶던 현실에 저항하며
내던지던 자책의 의지란 걸.

그가 결국 내가 설 그 자리라는 걸.

추억의 전화기

거실에 들인 우리 집 첫 전화기는
정성으로 닦여 뽀송뽀송한 얼굴을 하고는
두 손 공손히 소식을 기다리고 있었다.

풀어도 풀어도 꼬여지는 돼지 꼬리 줄에
손으로 돌리면 드르륵 제자리를 찾아가던
숫자판은 마냥 신기하기만 했다.

따르릉!
"작은방 언니! 전화 왔어요!"
"전화 받아요. 그 총각 같구먼."

가장 잘 보이던 전화기가 살그머니 제자리를 잃고,
번호가 빽빽이 적힌 수첩도 주머니 속에서 사라지면서
귀에 익은 따르릉 소리도 함께 멀어져 갔다.

가슴 속 차지하는 비중만큼
소중하게 외우고 다니던 수십 개의 전화번호가
흔적 없이 머리에서 사라진 것처럼.

소꿉장난

주렁주렁 매단 이팝나무 흰 꽃 따서
온 가족 쌀밥을 한가득 지어내고,
늘어진 조팝나무 조물조물 꽃을 뭉쳐
까다로운 철이의 조밥을 만들자니
담배씨로 뒤웅박 판다는 엄마의 잔소리다.

하얀 마음 지청구는 콩알로 귀를 막고
복순이는 색시 내고 이쁜이는 신랑 삼아
조개비로 솥을 걸고* 제대로 놀아 보자,
비름, 명아주 잘게 썰어 온갖 반찬 무쳐서
화룡점정 꿩의밥을 깨소금으로 뿌린다.

갑자기 재 너머로 검은 구름 몰려오자
쏜살같이 집 향하는 계집애들 뒤로 하여
난데없이 나타난 스멀스멀 봄안개가
천 석을 내리려고 논바닥에 깔려 들어
밥 뜸 들인 오늘 밤은 부엉이살림을 꿈꾼다.

*복순이 ~ 솥을 걸고 : 소꿉장난하는 소리(대구)

심장 멎던 날

뱃속에서 감싸 안던
엄마의 심장 소리는 태어나자 멀어진다.
깜깜해서 무서운 게 아니다.
어두워서 외로운 건 아니다.

함께 묶어주는 것은
머리로 같이 있는 것이 아니라
심장 깊숙이 박혀 있는 것이다.
헤어지면 가슴 부서지는 것이다.

같이할 인연을 찾아 헤매다가
한 자 아래 깃든 심장이
드디어 익숙한 소리를 만났을 때
번개 치는 그 숨막힘, 덜컹!

잡초의 정의

강아지풀이 선생님께 물었다.
"왜 저희를 잡초라며 뽑아 대는 걸까요?"

선생님께서 말씀하셨다.
"피도 안 마른 것들이
몰려다니지 말라 그랬지."

어느덧 커서 강아지풀은 씨앗을 달고
개풀이 되어 다시 물었다.
"몰려다니지도 않았는데,
왜 아직도 잡초라고 쑥쑥 뽑아내는 걸까요?"

선생님께서 말씀하셨다.
"꼬리 흔들면서
티 내고 다니지 말라 그랬지."

개미

개구쟁이 어린아이가 있었다.
줄지어 지나는 개미 한 떼,
몇 마리를 밟아
흩어지는 개미들을 뚫어지게 바라보았다.
곧 차분해지는 개미 행렬을 이해할 수 없었다.
한 바가지 물을 퍼와 쏟아부었다.
혼비백산하는 개미들을 바라보았다.
무서울 게 없었다.
신이 되려는 어린아이가 있었다.

무료한 한 어른이 있었다.
줄지어 일하는 개미 한 떼,
질서정연한 개미를 우두커니 바라보았다.
얼마 만인가, 어린 기억 속에서 본 그 개미들이었다.
한 바가지 물을 퍼붓고 싶지만
바쁘게 제 일을 찾아가는 개미가 걱정되었다.
떨어져 나온 개미 한 마리를 슬쩍
질서 속에 밀어 넣었다.
의기소침한 어른이 된 어린아이가 있었다.

소주병

천 원짜리 한 장 들린 낡은 청바지에
두 손 꼽고 들어선 학사주점
조개 몇 개 떨군 맹물탕을 안주 삼아
종일토록 허무를 들이켰다.

아슬아슬 걸터앉은 무거운 현실에
추락하지 않으려고 발버둥 치던 날들
청춘의 생초록 빛을 밤새 밝히며
부어라 마셔라 쏟아 넣었다.

비워도 비워도 뚜렷해지는 그믐달로
희미했던 어제는 더 선명해지고
고개를 들 수 없는 비겁한 나날에
무기력한 너와의 날만 쌓여 갔다.

뜨거운 가슴을 주체하지 못하고
지나가던 열병을 식히려 쏟아부어도
정의로운 촛불 하나 켜지 못하고
불구의 정신만 가득 토해 놓았다.

그래도 계속 너를 외면할 수 없었던 건

버려져 나동그라지는 너의 영혼이
구석진 골목에 쓰러져 있던 나 같아서다.
썩은 물 채워진 속이 비워지지 못할까 봐서다.

친구의 방문

친구가 연락하네.
주인 없는 빈집에서 주인을 찾네.

문지방돌 앉아 있을 친구에게
냉장고 시원한 물이나 한잔하라 했네.

전나무 빗긴 따스한 햇살에
서늘히 바람이라도 불어 줬으면,

산수유 파란 그늘에서
잠시 친구의 세월이라도 멈춰 줬으면,

주인 없는 빈집에서
흔흔한 여유라도 가져갔으면.

친구를 지우며

기억 속 쓰라린 고통은
세월이 낡아도 으스러지지 않는다,
뇌리를 들어앉아 아직도 끊기지 않는 아픔.

날이 오래면 사람 마음을 알아
한창의 젊음을 같이 겪었으나
등 뒤 독화살을 참으며 태연한 척
쓰린 날숨으로 이 갈던 기억은
아량으로 채우기엔 너무 먼 분노였다.

감내하기 힘든 정처 없던 삶 속
가라앉은 무게감에 쩌 눌려
피할 수 없는 현실에 쓰러졌을 때
어쨌든지 너만은 절대 할 수 없었던
배신의 냉소를 보냈지.

내, 마음의 수련이 더뎌
옛 상처가 아픈 걸 거다.
하지만 용서라는 다리를 건너도
건널 수 없는 흔적은 남는다.*
세상에 다 아무는 상처란 없다.**

용서하진 못하리,
상처 준 일도 무시하는 네 삶은
그리고 용서하든지 못하든지 변할 것도 없어
아까울 게 없이 흘러간 그 시절을
잊기 위해 보낸다.

* 용서라는 ~ 남는다: 김정수 시 '모기'
** 세상에 ~ 없다: 김재진 시 '저 강에'

친구의 상갓집에서

찰나로 날아드는 전화벨 소리로
무겁게 내리누르는 현실,
하얗게 쓰러지는 좌절.
그리고 침묵의 허공 따라
향불 하나로 피어오르는 얼굴.

기억이 모여드는 자리에서
일찍 가야 하는 이유와
쓸모없는 두고 간 것과
남은 이들의 의미와
따질 것도 없는 지난 삶과
그래도 끌고 가야 하는 내일의 다짐을 이야기한다.

알 수 없는 미소 한 자락과
보잘것없는 뼈 한 줌을 쓰레기로 남긴 채
스친 자리의 추억만,
스친 자리의 회한만,
스친 자리의 허무만 왔다가 금방 내뺀다.

그리 왔다 가는 것이다.
흔적 없이 떠난 것이다.

수고했다, 친구야.

친구의 변절

80년대 초 격변의 시절이었지,
마음은 가난했으나 순수하기만 했다.
누구보다 강하게 불의에 맞섰던 너,
그것은 앞선 자각 속 빛나는 행동이었다.

투사였던 넌 이제 그들을 대변하고 있지.
그때의 곧은 주관을 모두 뒤집고
여전히 남보다 발 빠르게 행동으로 나서
그때의 목청보다 더 큰 소리로 돌아섰지.

불의를 삶의 방편으로 합리화하면서
지난 순수의 허망함을 변명하면서
돌아갈 수 없는 그때는 과거일 뿐이라던
네 무너진 줏대는 그날따라 초라해 보였다.

행동으로 나섰던 날보다 그 날을 말하느라
더 많은 시간을 보낸 사람들만큼
부끄러움 모르고 그들 공치사에 앞장선
배반의 식탁은 세 겹 뱃살로 두꺼워졌을까.

젊음이 예쁜 거지

엄마보다 제가 더 예쁘죠,
친구 딸이 묻는다.
붙임성 넘쳐나는 애교일 터였다.
그래, 엄마보다야 예뻐야지.

근데 젊은 엄마 얼굴은 본 거니,
너랑 똑같이 생겼던 건 아니.
뭇 사내들의 온갖 추파에도
아랑곳없이 도도하던 여자.

지금의 젊음과
추억속 젊음 중에 누가 더 예쁠까.
현재가 더 소중한 것으로 하자,
다만, 청춘의 엄마도 너만큼 예뻤단다.

젊음은 그 자체로 예쁜 것이나
어차피 열흘 가는 꽃은 없어
예쁘게 늙어가는 것만으로도
네 엄마는 세상 최고의 여자지.

가래떡

혜화역 3번 출구 길가
주룩주룩 내리는 빗방울로
마로니에 젖어가는 큰 우산 아래
한 할머니가 가래떡을 굽고 있다.

차갑게 다가오는 습한 기운에
물 튕기며 몸이 단 연탄불이
자기 빛을 내어주고는
가래떡의 흰색을 날름 받아먹고 있다.

연탄불이 벌겋게 하얘질수록
할머니 흰머리도 더 세어지고
긴 가래떡이 누레질수록
주름살도 비를 닮아 주룩주룩 굵어졌다.

네 엄마에게 받은 사랑을 갚는다면서
근처 어릴 적 친구에게 건넨
가래떡 검은 봉지에서
아리아리한 엄마 손길이 불쑥 튀어나왔다.

유전(遺傳)의 건널목

신호등이 파란불로 바뀌자
백발의 허리 굽은 노인이
청년의 부축을 받아 발을 옮기고 있다.

청년은 이리저리 고개 돌려 살피고,
힘겨워 잠시 호흡을 가다듬는 노인을
곁고 서서 물끄러미 기다린다.

몇십 년 전 바로 이 신호등 앞에서
가만히 있지 못하던 철부지 병아리에게
혹시 선이라도 넘을까 보내던 눈빛이다.

세월을 동행하는 동안
아빠의 다리는 청년의 다리로,
아빠의 눈빛은 청년의 눈빛으로 넘어갔다.

그렇게 영생의 꿈은 전해지며
신호등을 조심조심 건너가고 있다.
시간의 건널목에서 생을 넘겨주고 있다.

어떤 수레

손수레 느릿느릿
떨어질라, 종이 한 묶음.

얼기설기 묶은 줄에
흐트러진 주름살.

배 불룩 공기 한 사발을
밀고 가는 굽은 등.

패전처리투수

누구보다 앞서
선발로 나서고 싶었다,
멋지게 던져 주목받고 싶었다.

하지만 이 치욕의 순간
팬들마저 무너진 공간을 가로질러
어서 끝내려 던져야 한다.

희망이 떠난 현실의 자리
그래도 적당히 할 여유는 없어
끝내기 위해 힘껏 뿌려야 한다.

오늘은 포기해서 이길 수 없겠지만
내일의 반전을 꿈꾸며 공을 던진다,
또 다른 시작을 위하여.

책의 비애

초교생 김민태는
책 한 권을 정성스레 선물했다.
'선생님 한가위 잘 보내세요.'라는 글귀와.

중고서점 한 귀퉁이에서
책이 발견되었다.
한 번도 들춰진 흔적이 없는 시집.*

선생님께선 힘든 한가위였나 보다.
'작은 위로'여서 부족했었나,
세종대왕님의 위로가 필요했을까.

* 이해인 시인 '작은 위로'

잊힌 이름들

길모퉁이 중고 서점
여느 때처럼 한가하다.
책 한 권에 겨우 이름을 남긴
쓸쓸한 구석 책장 하나.

유명세로 금박 입힌 허울보다야
투박해도 거친 깊이가 좋아
처절했던 젊음을 향해 떠나가는
시절 캐기에 나섰다.

이젠 근황도 알 수 없는
고뇌의 젊은 흔적들에서
무자비한 폭력과 맞서는
불굴의 성난 몸짓들까지.

한 편에 일이십 원짜리 글에서
비겁했던 젊음의 때를 곱씹으며
한없이 용감했던 그들을 찾는다,
고뇌로 있었으나 잊힌 이름을 찾는다.

숨은 내가 불쑥

산 두른 마을에 살며시 땅거미 밀려오면
작은 별들이 고개 숙여 졸음 겨워 희미해지고
큰 달도 오늘은 어디론가 흔적없이 사라져
캄캄한 허공으로 고요만 가득 차자
태초의 본능처럼 밤눈이 밝아지면서
또렷해지는 발길을 헤매고 싶은 것이다.

이리저리 둘러봐야 다른 곳도 그리 없어
뜰앞 한갓진 구석에 자리잡게 되는 것인데
정적에 기울어 가는 밤하늘 그늘에서
외로움 한껏 먹은 나무에 발을 멈추자
초라하게 숨어 있던 내가 불쑥 나타나서는
발가벗은 알몸으로 찬바람을 맞고 있는 것이다.

제4부

자연이 보내온 편지

낚시 가마우지의 꿈

거친 파도 물살을 헤치며
고기 하나 잡아내는 건 새 발의 피다.
그저 한 번만 원 없이 삼켜보고 싶을 뿐,
큰 살점 하나 맘대로 꿀꺽 하고 싶을 뿐.

피를 토하며 울고 싶도록
목에 걸린 끈 하나 넘기지 못하는 한 모금,
애를 쓸수록 더 깊게 죄어들 때
행복은 작은 벽을 넘는 사소함인 걸 알았다.

빨아 삼켜 땅에 닿도록 늘어진 주머니로
새끼들을 향하는 펠리컨의 꿈,
그런 사소한 사랑도
아무나 할 수 있는 건 아니었다.

올무에 걸린 삶

아팠다.
굵은 줄도 아니었다.
평소 길을 걸었을 뿐
운 없다는 이유 하나로 발목 잡혀
옴짝달싹할 수 없는 질곡에 빠졌다.

깊은 밤은 또 기어가고
삶의 저항이 살을 파고드는 만큼
얽혀진 생명의 고통만 깊이 패어 들었다.
보잘것없이
가늘어진 삶은 너무 아팠다.

삶과 무관했던 얇은 줄 하나에 온몸이 묶여
피 맺힌 한이 파고들어 감각마저 사라질 때까지
어느 하이에나의 올무에 걸려
산양은 밤새 울었다.
대지의 어머니도 함께 울었다,

초능력의 대결

아침부터 줄행랑을 친다.
직박구리가 쫓아 오고 있다.
요리조리 위로 아래로,
나뭇가지를 피해 섰다가 다시 튄다.
기진맥진 내빼기가 죽을 맛이다.
큰 날개가 너무 무겁다.
우아한 날개도 너무 버겁다.
그래도 살아있는 한 도망쳐야 한다.

오늘도 팽팽한 줄다리기다.
나비 한 마리를 쫓고 있다.
너무 깔본 것은 아닐까,
살아남으려는 본능은 초능력이다.
이리저리 빠져나가 힘에 벅차다.
살진 몸이 너무 무겁다.
통통한 몸도 너무 힘겹다.
그래도 살기 위해선 잡아내야 한다.

달팽이

발은 미끄러워도 길 나선 지 오래
두 눈 부릅뜨고 멀찌감치 기어가고 있다.
오늘도 일생일대의 신기록을 경신 중이다.

집 나서는 날은 항상 비가 오지만
난 축축한 태양을 향해 높은 곳에 오른다.
가장 맑은 이슬을 먹으러 끝까지 간다.

비록 힘겹게 집을 메고 다녀야 하지만
소심해서가 아니라 못 믿을 세상 탓이다.
집만 없다면 바다라고 못 건너리.

누가 와우각상(蝸牛角上)*이라 했는가,
깨끗하기만 하면 내겐 세상이 너무나 좁다.
느려도 더러운 곳엔 발도 딛지 않는다.

* 달팽이 뿔 위. 세상이 좁음을 비유적으로 이름.

달은 겨울나무를 떠나지 못한다

낙엽 한 잎 떨구어 바람 소리 잠재우고
앙상한 잔가지를 있는 힘껏 손 내저으며
미친 듯 산발한 나무가 허공을 헤맸다,
헐거워진 팔뚝마저 내딛다 부러지면서도.

보일 것, 못 보일 것 다 내보인 몸뚱이로
누가 가라 하지 않아도 던져진 길이기에
달아나는 시간 앞에 나아가야 한다,
발걸음 내밀다가 얼어 터져 꺾일지라도.

환하게 달무리 진 한겨울 밤을 향해서
손길을 내미는 게 나만은 아닐 것이다.
찬 기운 이기려 땅속 깊이 온기를 찾아
간절히 걸음 하는 게 혼자만은 아니다.

쥐 죽은 듯 스쳐 지나는 구름 한 점에
잠시 가렸던 둥근달이 몸 밝혀 비추는 건
땅속 생명의 서러운 눈빛이 애달과서지
자신은 깨어지지 않아서가 아니다.

둥근달이 나무에 걸려 떠나지 못하는 것은

뒤틀린 세월로 무섭게 다가선 겨울바람을
쓰라려도 같이 하자 위로하고 있는 거다,
그렇게 모두 함께 이겨내자는 거다.

밤비

푸새 덮인 개여울에
물소리 들릴 듯 말 듯
서글프게 죽어드는 적막.

하늘 멀리 늙은 별이
밤눈을 깜빡거릴 때
애달프게 스며오는 설움.

앞마당 풀 버러지
찬바람 한 줄기에
자리를 뒤척인다.

검은 구름이 달을 덮어
같이 울자며 밤새
눈물 떨구고 있다.

봄동

꽃 피워 씨 날리는 일도
마음 같지 않아서
남새는 금세 뽑히고 만다.

씨받이는 남은 자의 몫,
설움을 목에 물고
거친 하늘을 향해 오른다.

찬 서리와
눈보라를 헤쳐
기다린 천명(天命).

봄동은
꿈을 꾼다,
잠자리 앉은 장다리꽃.

옹이

흉하게 보일지라도,
아무 쓸모 없다고 해도
모르는 체하며
난 누구보다 굳셀 테야.

단단히 잘 여물어
더 강해지고,
더 세져서
도끼도 거부할 테야.

생(生)을 저리는
고비를 넘어서
누구도 꺾을 수 없는
굳은살로 박힐 테야.

가슴에 맺힌 한이
앞길마저 바꾸어도
끝내 난
멋진 주름살이 될 테야.

담쟁이의 삶

하루를 건너
오늘도 허공을 내디딘다.
해는 어김이 없어 또 하루를 당긴다.
다시 다가온 밤,
잠시 호흡을 가다듬어 내일의 꿈을 꾼다.

흰 눈이 펄펄
한나절을 쩌 누른다.
잠시 쓸고 온 길을 멈춰 본다.
여전히 남은 공간,
온통 발자국 가득한 내일을 생각한다.

심장이 뛰는 한
멈출 수 없는 출발이다.
똑같은 하루지만 오늘도 이겨내야 한다.
다르리란 희망으로,
똑같은 벽을 타고 또 하루를 넘는다.

가을비

붉게 물든 나뭇잎 위 빗방울은 이별로 떨어진다.
세파에 피멍 든 이파리는 헤어질 시간을 아는 듯
마지막 무게에 손을 놓자
바닥엔 아쉬운 이별을 위로하는
등 토닥이는 소리가 들린다.

바람 스친 허공 속 빗방울은 눈물로 떨어진다.
휘몰아치는 한 줄기 바람에 그치지 않는 설움은
우두둑 라단조로 떨어져
어린 추억이 묻힌 그늘 한구석까지
쫓아와 서글피 운다.

운다는 것은 공감한다는 것,
내 가을을 공감하여 우는 것이다.
가을비가 허공을 채워 들어 쓸쓸해도 차분해지고,
아침놀에 비가 왔으니
저녁놀에는 날이 맑겠다.

찔레 가시에 비가 내리다

지난 시간을 들춰내며 가슴만 치다가
볕마저 외면한 채 하루를 괴어낸 언덕 한쪽에선
허우적거리며 흘러든 강물의 가장자리로
지쳐가는 어둠이 새까맣게 기어들었다.

터진 하늘을 살짝 열어
줄행랑을 시작한 빗줄기가
찍어 누르는 무게감을 주체하지 못하고
겹겹이 둘러싸인 먹구름을 헤치며 아래로만 달렸다.

따로 가릴 곳도 없는 허름한 자리에서
가속의 무게를 줄이려 힘껏 벋대어도 보지만
강요된 힘에 속절없이 내리꽂힐 땐
제 무게도 감당 못하는 가난이 바닥에 잠겨 있었다.

잿빛 안개 속을 눈먼 듯 더듬다가
아래로, 아래로 향한다는 건
주체하지도 못하는 몸을 스치는 바람에 맡겨
찔레 가시로 내다 꽂히는 그런 쓰라림이었다.

남을 씻기려면 어쩔 수가 없어서

내 몸부터 찢기고 찢기는 것이었다.
그렇게 형벌만 가득한 가시 속 세상에서
향기 그윽한 찔레꽃이 새하얗게 피어나는 것이었다.

서리꽃

찬 기운 서린 새벽
온 세상에 꽃이 피었다.

사람 손 마냥
나무 끝엔 작대기꽃 피더니
철 늦어 시든 쑥부쟁이도
하얀 꽃을 다시 피웠다.

여름 내내 씨름하던 밭에도
싸래기눈까지 어설피 흘렸고,
게으른 배추 위에도 이 빠진
얼레빗 할머니의 머리꽃이 피었다.

온 세상 환하게 꽃 한번 피우더니
멀리 동트는 소리에 몸서리치고
짧은 만남만을 뒤로 한 채
꽃피는 서릿봄은 스러져 갔다.

홍게, 거슬러 오르다

파도가 밀려옵니다.
바다가 싫어도 홍게는 밀물로 나아갑니다.
거친 물살에 맞춰 알을 낳아야 합니다.
파도에 삶이 떠내려가도 몸을 맡겨야 합니다.

오늘도 커지는 달을 보며 바다로 향합니다.
그저 달이 거스르지 말라 합니다.
태어나서 본 것대로 따라 할 뿐
가슴이 하라는 대로 하고 있습니다.

이유도 없습니다.
사실 본능이 뭔지도 알지 못합니다.
이유는 사람에게나 있습니다.
가슴을 말하는 건 사람밖에 없습니다.

꼭 그래야 하는 명분과
꼭 그래서는 안 되는 강요는 사람밖엔 없습니다.
자연을 거슬러 이기려는 건 사람뿐입니다.
극복이 파멸임을 알면서도 거슬러 오릅니다.

사람이 싫은 것이다

뭇풀이 길을 향해 살금살금 손 내민다.
새 길이 싫은 것이다.
누군가 들어오는 게 싫은 것이다.
사람 손길마저 싫은 것이다.

어찌 새라고 다르랴.
새마저 심상치 않은 소리를 낸다.
사람의 드리움이 싫은 것이다.
자기들끼리 대화하고 싶은 것이다.

흔적을 따라 풀들이 또 손을 내민다.
천천히 흔적을 지우러 온다.
갈라진 산 중턱에도 새살이 돋아나듯
본래 모습으로 돌아가려는 것이다.

생명의 물줄기마저 제 흔적을 지우려고
온 곳으로 돌아가 흘러내린다.
푸른 숨결이 허공을 비집고 하늘로 향하고
이슬은 힘겨운 땅을 씻어주려 한다.

꽃봉오리 높이 올려 넓은 꽃을 펼쳐도

때 되면 쓰러져 스스로 지우려 할 뿐
사람만 흔적을 남기려 끝까지 높이 솟는다.
난리가 아니다.

베짱이에 대한 가짜뉴스

몸만 살찐 여치야,
넌 짧은 날개로 제대로 날지 못해도 부지런하다고 한다.
밤마다 울어대도 부부 금실이 좋다고 한다.
밤잠을 설치게 하는 소리에도 다복하다며 용서한다.

난 게으른 베짱이다.
긴 날개로 바쁘게 날아다녀 홀쭉해도 여전히 베짱이고
밤새 베를 짜며 울어대도 게으른 베짱이다.
태어나 배짱 한 번 부려본 적 없어도 거만한 베짱이다.

겨울 굶주림에 개미에게 구걸한 건 내가 아니다.
한여름 나무 그늘에 앉아 노래만 부른 건 내가 아니다.
난 개미가 만든 가짜뉴스의 피해자일 뿐이다.
모두가 안다고 다 진실이 아니다.

나무의 가슴

나무가 서 있는 것도
힘이 드는 일일 것이다.
꽃을 피울 때도
세상을 여는 호된 아픔일 것이다.
열매를 키울 때도
살이 찢어지는 고통을 인내하는 일일 것이다.
그리고 시나브로
똑같은 세월을 안고 갈 자식을 보내며,
의연한 체 덤덤히
쓰라린 가슴을 가을로 덮고 있을 것이다.
그렇게 빛바랜 모습으로
지는 노을을 바라보고 있을 것이다.

무상(無常)

변하지 않는 것은 없다.
한여름 파랗던 땅 위의 작은 죽음들
속박의 시간을 넘어 새롭게 태어나려
지난 독살림도 잠시 거둔다.

세월은 낙엽 따라 말라가고
새벽이슬이 땅으로 숨어 내릴 때
새들도 다른 하늘을 찾아 하나둘 떠나간다.

변하지 않을 것 없는 인생의 가을 길,
삶을 투명하게 바라볼 나이에 이르러
돌아서는 걸음마다 비치는 나.

숨 차오르는 저녁놀이
빨갛게 피를 토하니 밤하늘도 맑다.
지난 여름보다 훨씬 맑다.
충분히 맑으면 됐다.

호박덩굴을 보며

쨍쨍 쏟아붓는 한여름 햇볕은
피하는 데 한 뼘의 그늘로 충분하다.
밀어닥친 사나움이 숨은 공간은
잠시 목마름을 적셔주는 샘물인 듯
녹아내리는 여린 잎 뒤로 숨어
덩굴손을 슬며시 밀어 올린다.
둥그런 웃음들이 자리 잡는다.

한껏 사랑 벌려 봉긋한 꽃봉오리로
그늘 찾듯 벌들도 분주히 드나든다.
샛노란 황홀경에 빠져 헤어날 수 없어
밑바닥 생을 지탱할 하루에만 매달릴 뿐
한 뼘 그늘 드리운 넓은 가슴도
깜박하면 검게 시들어 버릴 시간이니
정처 없는 내일을 너무 가지려 말라.

고로쇠나무의 가을

아파트 앞
노랗게 익어가는 고로쇠나무
한 그루.

시든 애기단풍 사이에
소복이
겨울 이불을 장만하고 있구나.

성급한 겨울에도
쇠함 없이
화사함 노랗게 하늘을 물들이고

넓은 손바닥에 반하여
손을 내밀자
툭 하니 떨구는 삶.

지난한 한해를 떨구는 마음,
내년을
다시 기약하는 희망.

꽃은 향기로 말한다

산들산들
꽃바람의 속삭임에
고개를 뽑아 들고서
귀를 기울입니다.

주섬주섬
준비된 자는 본래 없어
길을 잃은 잠에서 깨어
기지개를 켭니다.

새록새록
휘파람 소리에 꽃들이 신나서
파아란 모둠발로 서
새 움을 틔웁니다.

소곤소곤
모두 물 올리며 마법에 **빠져들고**
꽃은 그저
향기로 말합니다.

제5부

삶이 보내는 편지

농부의 그림

호미로 그림을 그렸다.
한 뙈기 땅덩어리에
소박한 한해의 꿈을 그렸다.
사실 할 일이란 게
값어치 추락한 검은 물감 점 하나
푸석한 곳 깊숙이 뿌려둘 뿐.

삽 하나로 그림을 그렸다.
뙤약볕 한나절 동안
따뜻한 인생 꿈을 고쳐 그렸다.
맨땅에 색깔도 없는 그림이지만
타고난 색으로 활짝 피어올라
차분히 내려앉는 자유의 꿈.

울긋불긋한 도원향은 아니어도
지구를 박차고 솟아나는 생명에
벌, 나비와 새도 하늘 춤을 추는 날
제자리에 조용히 잠들 것이다.
그림에 티나 남길까,
남이 알까 흠을 지우며.

시골 생활

왜 씨앗만 땅을 찾아야 하리.
우리 모두 왔다가는 잡초이지 않은가.
시작은 우렁찼으나 초라하게 사라지는 나그네,
나는 모두 중의 하나일 뿐
왜 나만 특별해야 하는가.

연이 많으면 헤어짐도 많아
목줄 매인 몸뚱이는 당초에 변덕이 심하고,
허상에 가려진 세상은 어차피 가져갈 것도 못 돼
실제로 있지도 않은 것에
스스로 애쓸 여지도 없는 것을.

생각을 떠나
몸 굴리는 나날은 언제나 속임이 없어
대지에 맨살 비비며 어머니의 숨결을 느껴본다.
여느 때처럼 성실히 아침을 연다.
그저 있는 그대로 바라본다.

잡초인생

처음부터 잡초가 어디 있는가.
사람 편견 속에 자리 잡아
제자리가 아닐 뿐이지.

좋은 자리에서 태어나
걸쭉한 이름 하나 걸렸으나
비실거리고 삐뚤어진 놈들보다야 낫지 않더냐.

눈 밖에 나서 무시당한 삶으로
가차 없이 뜯기고 마는 아픔이지만
버려진 척박한 땅 일구며 나름 살지 않더냐.

불러주는 이름도 하나 없이
인정받지 못해도 끈질기게 견딜 뿐
있지도 않은 삶의 의미에 연연하지 않는다.

그저 있는 그대로 모습으로
다음 생의 제자리를 쫓아
죽을힘을 다해 산다.

새로운 날의 만남을 생각한다

게으른 아침을 꾸짖는 새소리에
창문 열어 또 하루가 들어
후드득 이제는 밭으로 나가야 할 시간이다.
발을 움직이라는 천명(天命)이리라.

뜰에선 앵두가 봄볕에 동글거리고,
민들레의 봄날 사랑은 또다시 익어가듯
시간은 끊임없이 가슴을 풀어헤쳐
두 그루 풀또기도 늦지 않아 붉어라.

눈길 가는 세월에 끝나가는 하루를 얹어
눈부시게 비추는 동구 밖 느티나무도
발길 가다 머문 곳에 씨앗을 꽃으로 피워
오늘만은 굵은 눈물을 가슴 속에 감추리.

먼산은 구렁텅이 빠져 헤매는 내게
흐린 내가 보기 싫다고 머리를 돌리고,
서글피 운다고 멀리도 사라져 떠나가서는
햇살 겨운 오늘에 돌아와 파랗게 미소 짓는다.

그렇게 헤어짐은 만남을 낳아

생을 가진 죄는 작별의 미련을 남겨도
추억을 헤아리며 떨구는 마지막 단잠 아래로
못벼랑 낙엽 지는 풀꽃 씨앗을 또 안아 든다.

언젠가는 해 기울어 풀꽃의 먹이로 돌아가고
하늘 향기로 구름 섞여 날아다닐 자유를 누리다가
지치고 지쳐 내려앉을 날을 꿈꾼다.
그 새로운 날의 만남을 생각한다.

농부의 땅

원래 그 자리에 있었다.

한여름의 뙤약볕을 맞으며,
세찬 된바람도 이겨내며,
거듭 새 생명을 싹틔우며
밭 갈던 농부는
조금씩 희미해져 갔다.

원래 그 자리엔 있지도 않았다.

부귀영화(富貴榮華),
해박(該博)한 지식(知識),
화려(華麗)한 권세(權勢) 같은
다른 이의 관심은
아무 흔적도 없었다.

비 갠 아침의 허기

늘어진 나무 사이 이슬 달린 거미줄엔
허공 스친 비바람의 발자취만 남았다.
움츠린 거미 한 마리
흔들대는 한숨 한 가닥.

쪄대는 아침부터 마른 빛에 벌써 지쳐
한구석 그늘 찾아 낡은 호미 앉힌다.
흙바닥 지렁이 하나
지나가는 질긴 숨소리.

게으른 주인 탓에 바랭이 한 척은 커
올해 심은 대추나무 가슴팍을 쩌 누른다.
풀숲엔 길고양이 하나
아침 허기 슬렁댄다.

속박의 자유

밝아오는 여명 아래 식전 일이 반나절 일,
시골 농사는 농사꾼 발소리를 듣고 자란다고
한 치 갈면 한 섬 먹고 두 치 갈면 두 섬 먹어
매일 그리 다름도 없는 자연 속에 일과다.
어떤 인생으로 남을지는 하늘의 뜻이지
사람 것은 아니니 그 속박은 벗으리.

호랑이는 무서워도 가죽은 탐을 낸다는
고개 넘어 얽히고설킨 세상사에 무심하고,
바람과 구름, 비와 햇살, 달과 별, 꽃과 나무
그리고 삶과 시에 관심을 둔 지 오래다.
단순함에 나를 맡겨 허기에 한술을 푸고서
술 한잔에 취해 누워 자면 되리라.

나무 위로 쏟아지는 빗소리에 기뻐하고
여린 꽃잎에 내려앉는 달빛과 속삭이며,
흘러가는 구름 속에 빛나는 별을 노래하고
햇살 담은 바람에 흐르는 땀을 섞을 수 있어,
씨 뿌린 사랑은 걸머지나 강요되지 않아
스스로 미소 짓는 이 속박은 자유일지니.

저녁 마감

할아버지 진짓상은 속여도
가을 밭고랑은 속이지 못해*
늙어서 분주하니 젊은 시절 게으름 탓.

새벽 식전 일이 반나절 일이고
제때의 바늘 한 땀이
아홉 번의 수고를 던다*네.

모든 저녁이 한낮을 거쳐 오고
어떤 저녁을 맞을지는
맞기 전의 시간에 달린 것.

저녁은 나름의 빛깔이 있어
하루를 마감하는 일이 그렇듯이
삶 또한 미리 차분히 맞을 일이다.

*속담

설렘의 하루

다시 시작하고픈 때도 있었다.
다시는 생각하기 싫은 것도 많았다.
옳은 일을 하겠다고 잘못된 선택을 했으며
누구를 미워하거나 원망할 일도 아니었다.
결국, 모두 피할 수 없던 것은
마땅히 스스로 감당해야 할 일.
그렇게 함부로 살 일도 아니었지만
정말 최선을 다해 살아 본 적이라도 있었던가.
나에겐 전성기가 있었던가.

몸은 삐걱대며 느려져만 가고
눈은 멀어져 가까운 앞가림만 보인다.
말은 새서 어느새 어눌해지고
귀는 먹어 싫은 소리도 안 듣게 된다.
감각은 떨어져 고통에도 무뎌지고
아픔도 단련이 되어 원치 않는 인내만 커진다.
정신머리도 지쳐가 고집만 늘어나고
슬픔도 쌓여가 남몰래 눈물도 늘어갔다.
남자의 무게는 잃어가면서.

찾아 주는 이 없는 산 귀퉁이,

과거는 항상 미련의 후회 덩어리여도
새삼 느끼게 되는 지난 애증의 소중함에
푸른 심장 쿵쿵한 설렘의 하루를 다시 연다.
이제 남은 날이 얼마나 된다고
원 없이 주변을 사랑하고 감사하려 하지만
지금은 가슴 아파하지 않기로 했다.
마지막 날 충분히 아플 테니까,
이겨내지 못할 만큼 아플 테니까.

쌓이는 하루

생사(生事)는 우연인가, 필연인가.
근본은 분명히 고요한데
살아가는 현실은 모호하게 흔들려서
다른 듯 같은 반복의 연속,
하루하루는 희망인가, 현실인가.

개 한 마리 앞장서면
동네 개가 다 따라가듯
뇌리 박힌 뿌리의 끝을 모르지는 않으면서
남 따라 줄 서고 마는 현실,
초연하지 못한 하루들.

좀 더 넓게 보지 못하는가.
좀 더 깊게 받아들이지 못하는가.
현실에 옹졸해지고 마는 근본은
이상이란 이름으로 멀어져만 간다.
그렇게 저문 하루는 쌓여만 간다.

세월의 초상

캄캄한 어둠 속 방엔
존재를 알리는 시계 소리가
요란히도 시간을 풀어놓고 있다,
자기도 구속되는 줄 모르고.

나아가려 하지만
결국은 돌고 마는 시간을 타고
어제와 다른 듯 같은 어둠 속에서
뇌리속 지난 기억만 파헤친다.

옆집 강아지는 달이라도 집어삼킬 듯
어지간히도 어둠을 향해 짖어대고
한 마리 헛짖으면
동네 개들이 따라 짖는다.

아무도 없는 외로움엔
소리 높여 같이 짖어야
서로 동무가 되는 걸 아는 것이다,
무서워도 함께 짖어야 의지가 된다는 걸.

그믐달 기울어 가고

어둠이 아득히 더 깊어지며
마침표를 찍을 시간은 다가서는데
물음표만 하릴없이 늘어난다.

아직도 해결 못 한 젊은 시절
뿌옇던 담배 한 모금이다.
조용히 산길을 걷다가
문득 치미는 헛기침 한 가닥이다.

가을 수확

땅콩을 캐며,
고구마를 캐며,
도라지를 캐면서 알았다.
흙은 저절로 키워주지 않는다.

물도 달라
바람과 구름도 달라
그늘과 따뜻한 해도 달라 한다.
마지막 지친 땀방울도 내놓으라 한다.

쉬게 해달라고
숨통을 열어 달라고
썩어가는 가슴을 말려 달라고
서로들 부둥켜안고 농성하고 있다.

땀 없는 공짜는 없어
그냥 내어주지 않는다.
가빠지는 숨통부터 느끼라고
한 맺힌 앞가슴부터 풀어헤치라 한다.

동심(同心)

내일을 갈망하였으나
때늦어 후회하고
이젠 추억이 되었다.

맞지 않아
어울리지 못했을 뿐이다,
잘못된 것이 아니라 달랐던 것일 뿐.

나은 길이라는 희망으로
끊임없는 불안을 피해 온
조용하고 소박한 삶,

자에도 모자랄 적이 있고
치에도 넉넉할 적이 있다.*
비운 그릇에 소박한 마음만 채워지길.

왜냐고 물을 필요도 없는
같은 마음을 가진 이,
사람을 느낄 수 있는 그 시절을 그린다.

*자에도 ~ 있다: 속담

어울림

홀로 나서 홀로 크는 것은 없다.
애당초 혼자만 있지도 않았으니
자기만 잘난 것은 있지도 않았다.
목숨의 무게를 다르게 재지 말자.

홀로 시작해 홀로 끝나는 것은 없어
항상 배려심의 곁지기가 있어
자연의 자식으로 함께 태어나서
겸손히 푸른 행복을 꿈꿨을 뿐이다.

하늘 아래 이름 모를 꽃 한 송이도
재잘대는 뭇 새소리와 같이 자랐다.
몇 겹으로도 곧 서로가 될 존재들,
어울림으로 더불어 갈 일이다.

끝자락에 서서

수수께끼를 풀 열쇠 하나 찾지 못해
살아가는 일에 힘겨워하다가
절벽을 앞두고 드리워진 끝자락,
다다를수록 더 잘 보여
결말에는 타협의 여지가 없을지언정
어떻게 끌어안을지 알겠다.

지금, 이 순간의 자신을 사랑하리.
본질은 단순해서 그리 다르지도 않을 터
있는 그대로 받아들이리.
이리 오래 살아온 것으로도 자랑스럽지 않은가.
남은 발걸음을 옮기며 벼리에 눈길 주어
보지 못한 아름다움에 빠져 보리.

고요한 침묵에서 나서 공허로 돌아가기에
이제는 떨어지는 복사나무의 결실보다
개망초 홀씨로 하늘을 나리.
노을꽃이 붉게 물들어도
지게에 옅은 풀향기 풀어헤치며
하늘을 향해 가벼이 의미를 띄우리.

모르겠다

원래 이리 힘든 것인지
그리하여 울면서 나왔는지도 몰라
같은 시간선에서 서로 의지하려 했으나
자신의 안위만을 구하는 건지도 모르겠다.

옳은 일을 하고자 했으나 그른 일을 했고
걸음걸이에 이유도, 방향도 알 수 없고
확신에 찬 미래를 알려주는 이도 없어
허둥지둥 불안감에 더 힘든 건지도 모르겠다.

나아가도 나아가도
넘어설 수 없는 벽은 곳곳에 깔려 있어
그때마다 무릎을 꿇으며
불운을 얼마나 탓해야 했는지도 모르겠다.

만남이 주는 어쩔 수 없는 헤어짐과
사랑할수록 더 저리는 아픔에
지나는 시간의 덧없음을 느끼면서도
다가오는 시간을 흔쾌히 맞아야 했는지도 모르겠다.

긴 터널을 지나 다다른 붉은 석양에

청춘의 빛바랜 흔적을 슬퍼하면서
의지와 상관없이 무심코 떨구어진
이 밤의 끝이 왜 궁금한지 모르겠다.

밤하늘의 별은 또다시 내일을 비추고
오늘도 미약함에 고개를 숙이지만
잠시 생각을 스치는
깨달을 듯 깨달을 수 없는 이게 뭔지 모르겠다.

바닥의 위로

끝없는 추락의 길,
떨어지는 것에 진정 날개가 있을까.
거미줄은 서슬 퍼렇게 입 벌리고 있고
무겁게 쩌 누르는 절망이 앞을 가린다.

척박한 외로움의 자리에서
나뭇잎이 흔들리며 부딪혀 멍들어도
피고 지고 또 피어나는 꽃들 앞에서
현실을 이겨내는 진정한 힘을 본다.

삶에 오로지 오기 하나 남았어도
결국 그 끝은 다다름이 있어
다시 새롭게 시작하니 절망은 아니다.
잠시 지친 발걸음에 주는 숨 고르기다.

끝이 있다는 건 절망도 끝이 있다는 것,
이젠 다시 시작할 간절함만 필요할 뿐
떨어짐은 끝장을 말하는 건 아니다.
또한 지나치며 돌고 도는 것이다.

같은 곳을 바라보며

천천히 늦은 길을 걷는다는 것이
힘들어야 얼마나 힘든 일이겠는가.
바닥을 치고 있으니 오를 일만 남았다.

마지막 꿈

봄빛 따뜻한 날
내 지나온 잘못을 여름 햇볕에 바싹 말려
가을 지나는 푸른 하늘에 날려 버리고,
흰 눈 덮인 낙엽 뒤에서
한 해 가도록 조용히 썩어가고 싶다.

아니라면 남몰래
뭉게구름 구석진 곳에 꼬깃꼬깃 집어넣고,
가을 깊은 노을이 보내는
산들바람을 맞으며
편안히 시들어 가는 풀잎 밑이라도 좋겠다.

그리고 나의 사람들과
마음의 시를 써 내려갈 술 한잔 받아놓고,
밤새 내리는 빗물 속
달빛 깜깜한 어둠이 흘러넘치도록
종일토록 마셨으면 좋겠다.

한여름의 초상(肖像)

한여름 뙤약볕에 들밭 풀과 씨름해서
지친 몸에 무게 겨운 눈꺼풀만 감겨댄다.
잠자는 연습도 찬찬히 시작되어
그런대로 그렇게 살대로 살다 가는
잡초들과 그리 차이도 없다.

난 것부터 업보여서
견디며 지탱해 온 상처투성이 현실이다.
젊을 땐 먹는 입에 풀칠하기 여념 없어
온몸엔 시간의 상흔만 남아서
이제는 늙어가기도 솔찬히 쉽지 않다.

손톱 밑에 가시 드는 줄은 알아도
염통 밑에 쉬 스는 줄 몰라*
건강보다 앞서는 아름다움은 이젠 없어
마음이 약해지면 소중한 걸 더 잃을 뿐
쓸데없는 집착에서 벗어나려 할 뿐이다.

잠 깨어 문뜩 보니
한낮 고개를 넘어 달아오른 얼굴도
저녁이 되어 빠알간 노을 속에 사라지고,

초가(草家)에 한숨 가득 흔들리는 마음도
높이 높이 떠올라 어둠으로 숨어든다.

*속담

불면

베갯머리가 너무 무서워
잠드는 순간을 잡으려는 헛든 의식은
깜깜한 우주 곳곳에
분노의 구멍만을 뚫고 있다.

누구나 맞이할 아침을
하릴없어 서둘 일도 없음에도
어둠을 재워야 한다고
밤새 걱정하고 있다.

집착하는 세상에
누구 하나 바뀔 기미도 보이지 않는데
세상 향한 의미 없는 다짐들만
가득 들어차고 있다.

읽히지도 않는 세월을
남들이 읽지도 않는 글로 다독이며
밤을 지새워 개혼을 씌우고 있다.
혼자 제정신을 갉아먹고 있다.

세상에서 가장 아름다운 편지

성 철

1판 1쇄 발행　|　2025년 06월 30일

펴낸이　　|　고봉석
편집자　　|　윤희경
디자인　　|　고우정
펴낸곳　　|　이서원

주소　　　|　경기도 성남시 분당구 중앙공원로17. 311-705
전화　　　|　02-3444-9522
팩스　　　|　02-6499-1025
전자우편　|　books2030@naver.com
출판등록　|　2006년 6월 2일 제22-2935호
ISBN　　 |　979-11-89174-41-5

ⓒ 2025 성 철
이 책은 저작권법에 따라 보호받는 저작물이므로 무단전재와 무단복제를 금합니다
이 책 내용의 전부 또는 일부를 이용하려면 저작권자와 이서원의 서면동의를 받으셔야 합니다